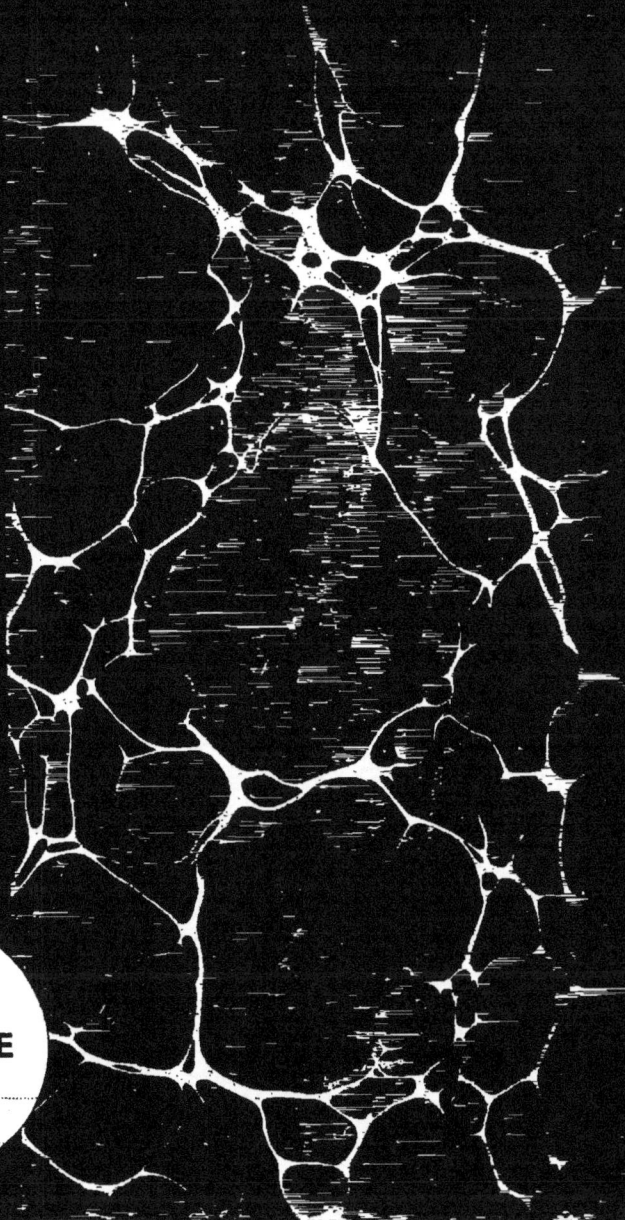

SOUVENIRS DE L'INVASION

LES PRUSSIENS

A

BOUGIVAL

1870-1871

NOTES D'UN PILLÉ

PAR

PAUL AVENEL

PARIS

LIBRAIRIE ANDRÉ SAGNIER

9, RUE VIVIENNE, 9

—

1873

PRIX : 50 CENT.

SOUVENIRS DE L'INVASION

LES PRUSSIENS

A

BOUGIVAL

1870-1871

NOTES D'UN PILLÉ

PAR

PAUL AVENEL

PARIS

LIBRAIRIE ANDRÉ SAGNIER

9, RUE VIVIENNE, 9

—

1873

LES PRUSSIENS A BOUGIVAL.

Dans le département de Seine-et-Oise, à vingt kilomètres de Paris, sur les bords de la Seine, il y a un petit pays qui s'appelle Bougival. Ce village, qui compte quinze cents habitants en hiver et quatre mille en été, est un des endroits les plus charmants des environs de la capitale.

Sur une superficie de deux kilomètres carrés, vous trouvez réunis : montagnes, forêts, vallée, plaine et fleuve. C'est le rendez-vous d'un grand nombre de Parisiens.

Pendant les jours de soleil les canotiers sillonnent la Seine avec leurs embarcations élégantes, et les gens paisibles vont jouir du calme agreste dans les bois touffus ou à l'ombre des châtaigniers séculaires.

Quand vous arrivez à Bougival par le chemin de fer américain, et que vous vous arrêtez au pont qui relie la ville à l'île de Croissy, tournez à gauche, montez la rue de Versailles, et en vingt minutes vous pénétrerez dans une délicieuse vallée, que nos artistes peintres ont surnommée la *petite Suisse*. Gravissez la colline de gauche et vous aurez devant les yeux un charmant panorama. Vous verrez, en face de vous, l'aqueduc de Marly se détachant sur l'horizon, et à sa base, au milieu d'arbres touffus, se profiler les toits des petits villages de Louveciennes et de Saint-Michel. A l'horizon, sur la droite, vous apercevez la terrasse de Saint-Germain et, dans le fond, une plaine maraîchère où serpente la Seine. Dans un de ses méandres s'élève le hameau du Vésinet. — C'est sur ce côteau que, depuis bientôt vingt ans, j'habite une petite maison blanche.

Au mois de juillet 1870, j'y goûtai mes dernières heures de paix. Nos soldats s'avançaient vers le Rhin, et, dans ma naïveté de patriote, je croyais à la victoire.

Un matin, en ouvrant mon journal, j'appris que les troupes prussiennes étaient entrées en Alsace par Forbach. Je ne croyais pas possible l'envahissement de la France, j'en ressentis une pénible impression. Je me décidai à partir pour Paris. Je me sentais exilé à Bougival, séparé de mes amis, et en dehors du monde politique. Chaque année, je passais les mois d'hiver dans la capitale; je résolus donc, vu les circonstances, de devancer l'époque de ma rentrée dans la vie parisienne.

Mon jardin potager était entretenu par deux jardiniers, dont l'habitation était voisine de ma propriété. Ces honnêtes gens étaient les frères Debergue, deux jumeaux, Charles et François, âgés de soixante ans. En mon absence ils devenaient, avec leur famille, les gardiens de ma maison.

François, ce jour-là, était occupé à arracher les mauvaises herbes. A mon approche, il leva la tête, et me dit un *bonjour monsieur*, empreint d'une certaine tristesse, puis il garda le silence. Je devinai que le brave homme connaissait nos désastres.

— Savez-vous que les Prussiens sont en France, lui dis-je.

— On le dit, mais c'est peut-être pas vrai.

— C'est la vérité, pourtant.

— Alors, reprit François en se redressant, c'est un piége que leur tend l'empereur. Il veut les laisser avancer pour mieux leur tomber dessus.

— Espérons-le, lui répondis-je d'un air de doute.

— Tenez, monsieur, reprit avec conviction François Debergue, les Français ne peuvent être vaincus, il y a encore des hommes en France.

Comme je ne voulais pas m'engager dans une discussion inutile, ne sachant pas moi-même le fond des choses, je détournai la conversation.

— Votre frère n'est donc pas venu aujourd'hui, lui demandai-je.

— Non, monsieur. Mon pauvre frère est bien malade.

— Il travaille trop aussi, il lui faudrait du repos.

— Oh! oui, mais que voulez-vous, il n'a jamais pu rester à rien faire.

Je quittai François Debergue en lui annonçant mon prochain départ. Je partis pour Paris le 15 août, sans emporter le moindre meuble de ma mai

son, ne pouvant supposer que les Prussiens vien-
draient jamais à Bougival.

. . . .

. . . .

Depuis le 4 septembre 1870 jusqu'au 28 janvier
1871, je pris une part active à la défense de Paris.
Je ne croyais pas à une capitulation, même après la
triste affaire de Buzenval. Bataille néfaste où péri-
rent tant de braves : *Gustave Lambert*, l'organisateur
de l'expédition scientifique au pôle nord; *Henri
Regnault*, jeune peintre déjà célèbre; *M. d'Estour-
mel, M. de Coriolis*, vieillard de 70 ans qui faisait le
coup de feu avec l'intrépidité d'un vrai soldat; *Cou-
chot*, menuisier, père de six enfants; *Prudhomme*,
vieillard de soixante-cinq ans, frappé aux côtés de
ses deux fils, etc., etc. La garde nationale, la mo-
bile et l'armée ont lutté héroïquement pendant
douze heures. Et l'on dit que les Parisiens ne vou-
laient pas se battre? Ce qui manquait aux défen-
seurs de la vieille cité, c'était un chef capable.

Quand vint l'armistice du 28 janvier 1871, quoi-
que je me tinsse fort mal sur mes jambes, éprouvé
que j'étais par les privations de cent trente jours de
siége, je pensai à retourner à Bougival; mais je ne
pus mettre à exécution ce projet que dans les pre-
miers jours de mars.

Accompagné d'un de mes amis, Jules R***, un de
mes voisins de campagne, je partis bravement et
pédestrement pour ce *voyage* par les Champs-Ely-
sées. Je me disais : puisqu'on ne peut se procurer

ni cheval, ni voiture, si les forces me manquent en route, je m'arrêterai à Nanterre ou à Rueil. On voit combien je comptais peu sur la vigueur de mes jarrets. En arrivant à une centaine de mètres du pont de Neuilly (il était neuf heures du matin), mon camarade et moi, nous voulûmes traverser la route pour aller prendre quelque chose dans un petit restaurant qui était ouvert, sur la gauche de l'avenue. J'en fus empêché, moi, par une voiture légère qui venait de Paris au trot d'un vigoureux cheval. Je levai la tête, et j'aperçus M. L***, riche propriétaire de Bougival.

— Où allez-vous donc ? lui criai-je.

— A Bougival.

— Moi aussi.

— A pied ?

— Dame ! il le faut bien.

— Voulez-vous une place ?

— Volontiers.

Et je m'installai dans la voiture, laissant sur la route mon jeune et solide compagnon, qui avait des jambes, lui, et que venait de rejoindre M. Léon Comte, le frère du directeur des Bouffes-Parisiens. Ce dernier se rendait à Rueil. C'était le samedi 3 mars 1871. Ils allaient donc faire route ensemble.

Jusqu'à Nanterre, le pays me parut triste et abandonné ; mais à partir de ce village, nous commençâmes à voir quelques uniformes allemands. A Rueil, nos vainqueurs, boutonnés jusqu'au menton, dans de longues capotes vertes, coiffés de casquettes plates et fumant de longues pipes en bois ou en porcelaine, se promenaient lentement sur les revers du chemin. Aux fenêtres des maisons qui avoisinent Boispréaux, on les voyait accoudés, silencieux et toujours fumant. Ils avaient l'air d'être chez eux.

A la Jonchère, je fus surpris de voir couchés sur le sol les grands arbres qui bordaient la route, et tout un coin du parc de la Malmaison dans le même état. On se souvient que les Prussiens avaient fait de la montée de la Jonchère un point de défense.

En quelques minutes nous arrivâmes à la chaussée Bougival. Il était onze heures environ. Nous fûmes obligés de descendre de voiture. Le quai était complétement dépavé et conservait encore des vestiges de barricades. Les maisons qui font les encoignures de la rue de Versailles, en face le pont, avaient été démolies, jusqu'au premier étage inclusivement. Une formidable barricade avaient été élevée là. Les maisons, avec leurs fenêtres béantes et leurs murs noircis par l'incendie, avaient une physionomie sinistre.

A l'entrée de la rue de Versailles, je rencontrai M. Cordonnier, le directeur du bureau du chemin de fer américain. Ce fut le premier habitant de Bougival à qui je serrai la main. Il se portait bel et bien. A son regard, je vis qu'il me trouvait une triste figure. Et, depuis, il m'a dit : Votre air souffreteux et votre mine allongée ne présageaient rien de bon.

Après avoir remercié cordialement l'obligeant

M. L*** du service qu'il m'avait rendu, je le laissai gagner sa demeure.

Je montai seul la rue de Versailles, le cœur fortement émotionné. Tout, autour de moi, n'était que ruine et pillage. Cette petite ville, que j'avais laissée, six mois auparavant, si gaie et si pimpante, semblait avoir été visitée par la peste.

A la hauteur de l'église, je vis quelques personnes qui commençaient à débarrasser leurs maisons des immondices prussiennes. Sur les tas d'ordures amoncelés le long des trottoirs, il y avait une dizaine de casques prussiens. Je m'arrêtai pour les examiner ; puis, je continuai ma route. Alors je remarquai pour la première fois que les maisons avaient été numérotées, et d'après certaines inscriptions, que Bougival avait été occupé par le 46° et le 50° régiment.

En arrivant dans la rue de la Celle, je m'arrêtai en proie à une émotion indicible, j'étais à cent mètres de mon habitation. Allais-je la retrouver pillée et incendiée ? Il faut être propriétaire pour comprendre cette émotion; elle n'est pas drôle !

Je tournai le coin de la rue et j'aperçus le toit de ma maison.

Ah ! fis-je en moi-même, elle est encore debout.

Ma poitrine était débarrassée d'un poids énorme. Je jetai les yeux autour de moi, tout était morne et dévasté. Les arbres de la propriété de M. Jacques Pascalis (de la cour de cassation), mon voisin, étaient coupés pour la plupart à soixante-quinze cen-

1.

timètres du sol. Sa villa avait ses fenêtres. Je voulus entrer chez moi par la porte de la terrasse qui donne sur la route, elle était barricadée intérieurement avec des troncs d'arbres. Je fis le tour par les champs. Un spectacle navrant me frappa, tous mes arbres avaient été rasés. Les douze noyers séculaires qui ombrageaient ma terrasse gisaient sur le sol. Les arbustes du jardin semblaient avoir été coupés à la faulx. Les larmes au cœur, j'entrai dans la maison. Plus de portes, plus de volets, plus de fenêtres et pas un meuble. Ma bibliothèque, mes tableaux, mes statuettes, toutes choses chères à ma vie, avaient disparu. Dans le salon, les débris des glaces couvraient le parquet. Une seule peinture, un Hubert-Robert, représentant des ruines, était resté accroché à sa place accoutumée. En regardant par terre, je retrouvai quelques fragments de mes gouaches et de mes aquarelles. On voyait aussi beaucoup de verres cassés et d'immenses taches de vin. L'orgie avait passé par là. Je montai dans mon cabinet de travail. Un tas de livres, maculés ou déchirés, étaient là pêle-mêle. Mes éditions rares, mes reliures de prix étaient absentes. On avait trié mes bouquins. O voleurs intelligents !

Je parcourus le reste de l'habitation ; partout le pillage avait fait son œuvre. Dans une chambre à coucher était resté un lit massif en fer. On avait vainement essayé de le démonter. Les pillards, ce jour-là, avaient sans doute oublié leurs outils. Je montai sur le belvédère, situé au faîte de la maison, et je jetai mes regards sur la campagne. Le paysage n'était pas gai. On apercevait au loin des barricades faites avec des arbres, coupant la plaine. Les pointes des branches, couchées en avant, menaçaient l'ennemi comme des baïonnettes. Quatre cents gros acacias, coupés dans mon bois, faisaient partie de ces moyens de défense. Tous les arbres fruitiers de mon potager avaient suivi mes acacias. Quant à la clôture de la propriété, le palis, il n'y en avait plus trace.

Je quittai ce champ de dévastation, pensant à mon ami Jules R***, que j'avais abandonné si brusquement au pont de Neuilly. Je redescendis Bougival pour aller au-devant de lui. Du reste, je n'étais pas inquiet sur son compte. Les états de service de Jules R*** sous le siége, étaient beaux. Soldat dans une compagnie de marche, il avait fait plusieurs fois le coup de feu contre les Prussiens sous les murs de Paris. Sa maison avait eu à peu près le même sort que la mienne. Je le rencontrai et nous nous mîmes en quête d'un déjeuner.

Vers la fin du siége, mon médecin m'avait dit : Quand vous pourrez sortir de Paris, sortez-en et n'y rentrez pas de longtemps. Vous avez extrêmement besoin de grand air, de repos et de bonne nourriture. Sinon...

Pour suivre son ordonnance, je m'installai dans une mansarde de ma maison. Voici en quoi consistait cette installation : deux bottes de paille pour matelas, un vieux tapis pour couverture ; une chaise à demi-brisée, sur laquelle, la nuit, je posais mon revolver chargé. La porte fut fermée avec deux fagots.

Une fois réintégré dans mon domicile, je cherchai à qui causer. La première personne que je rencontrai fut un de mes voisins, nature honnête et intelligente, qui avait assisté dans Bougival à tout le drame prussien.

— Vous savez que François Debergue a été fusillé, me dit-il.

— Fusillé ?

— Oui. Quelques jours seulement après l'occupation.

— Et son frère Charles ?

— Lui est mort aussi, mais de la fièvre typhoïde. Il était déjà malade quand vous êtes rentré à Paris.

— Pauvre gens !

Voici ce que j'ai retenu du récit que me fit alors ce brave Bougivalais :

Le 46ᵉ régiment prussien entra à Bougival le 19 septembre 1870. Le colonel, un grand brun, vint à cheval sur la place où donne la rue des Hautes-Eaux, et demanda à parler aux autorités. Il lui fut répondu que les autorités étaient absentes.

— Vos autorités, reprit le Prussien, vous ont abandonnés ; eh bien, nous allons vous gouverner. Mais je vous recommande de rester tranquilles.

Parmi les notables de l'endroit qui n'avaient pas

fui, on cite : MM. Baudin, Chesneau, Thuilleau, Guérand et le docteur Duborgia.

Une commission municipale fut instituée. Au docteur Duborgia revint le dangereux honneur de la présider. Savant et philosophe, il sut rester dans ces circonstances au-dessus du danger. Nous parlerons, tout-à-l'heure, de cet honnête homme, qui sut remplir son devoir jusqu'au bout.

Les Prussiens avaient établi un télégraphe électrique de Bougival à Versailles. A peine installé, le fil de fer en fut coupé par une main inconnue. Il fut rétabli. Il fut recoupé. Une surveillance fut alors organisée, et François Debergue fut arrêté comme auteur de cet acte. Il coupait le fil avec son sécateur. — Il comparut devant une commission militaire.

— C'est vous qui avez coupé le télégraphe, lui demanda le major prussien.

— Oui, c'est moi, répondit-il.

— Pourquoi avez-vous fait cela?

— Parce que vous êtes mon ennemi.

— Le ferez-vous encore?

— Oui.

— Pourquoi ?

— Parce que je suis Français.

Quelques personnes essayèrent de sauver ce vieux patriote de la justice prussienne et offrirent une rançon de dix mille francs.

— Ne donnez rien pour moi, dit François Debergue, en apprenant cela. Demain, je recommencerais, et il répéta : je suis Français.

Le 26 septembre, à 4 heures du soir, un peloton de vingt-quatre soldats prussiens montait la principale rue de Bougival ; François Debergue, condamné à mort, était au milieu d'eux. Ce vieillard de soixante ans, sous ses habits de travail et les mains liées derrière le dos, marchait résolûment. Le funèbre cortége, suivi de quelques habitants, prit la rue de la Celle et en gravit lentement la pente rapide. L'officier qui commandait le peloton était ému, et de temps à autre on entendait, dans son accent allemand, ce mot sortir de sa bouche : *Patriotisme! Patriotisme!*

François Debergue fut conduit sur la route de Versailles jusqu'au chemin des Bourbiers. Là, on tourna à gauche et l'escorte s'arrêta dans le champ de M. Lainé. Le prisonnier fut attaché avec une corde au tronc d'un pommier. L'officier demanda un mouchoir pour lui bander les yeux.

— J'en ai un dans ma poche, dit François Debergue, prenez-le.

Ce qui fut dit, fut fait. Un soldat allemand lui banda les yeux.

Avant de mourir, le brave paysan ne demanda qu'une grâce : celle d'être enterré à côté de son frère.

Aussitôt, sur un signe de l'officier, le peloton fit feu.

François Debergue tomba la poitrine traversée de

dix-huit balles, tirées à quatre mètres de distance.

Bougival comptait sa première victime.

Quand au pillage de ma maison, j'appris, par un témoin oculaire, que la plupart des choses volées avaient pris le chemin de Versailles. Mes tableaux avaient été emballés, soi-disant, pour le prince de Saxe. Mes livres avaient été livrés à vil prix à des brocanteurs, mes meubles avaient été brisés et brûlés, ou volés et vendus.

Un matin, un paysan me montra une femme qui travaillait dans les champs et il me dit :

— Est-ce que la mère X... vous a rendu vos pendules ?

— Quelles pendules ?

— Mais elle a vos pendules. Je les lui ai vu emporter dans sa hotte.

— Ah ! fis-je étonné.

— Elle en a fait, allez ! des voyages de chez vous chez elle.

Je me dirigeai vers la personne indiquée et je lui réclamai mes pendules. Elle nia d'abord les avoir en sa possession ; puis, sur mes instances, elle convint qu'elle *croyait* en avoir deux.

Je lui signifiai d'avoir à me les rapporter.

Le lendemain, la vieille paysanne me rapportait les pendules en question. Elle les posa sur une table, et, à côté, plaça un fragment de journal roulé. Il contenait les balanciers. Je dépliai le papier, il y avait *trois* balanciers.

— Et la troisième pendule? lui dis-je tranquillement.

— Je n'en ai pas d'autres, monsieur.

— Eh bien ! et ce troisième balancier, d'où vient-il ?

La vieille femme parut stupéfaite.

— Il faut aussi me rapporter la troisième pendule; vous devez l'avoir, cherchez bien.

— Je ne sais pas, moi. J'ai tant d'affaires chez moi, à Versailles.

Le lendemain matin, la paysanne m'apporta une charmante pendule Louis XV. J'y appliquai le troisième balancier, il y allait parfaitement. Seulement ce meuble de salon ne m'appartenait pas, mais je me souvenais de l'avoir vu quelque part. Il devait appartenir à M. Pascalis. Je ne me trompais pas. Et aujourd'hui le susdit ouvrage d'orfèvrerie a repris sa place sur la cheminée de l'honorable magistrat.

Je dirai en passant, que mon cher et aimable voisin Pascalis retrouva, après l'invasion, sa maison presque intacte, et ses meubles. La raison en est qu'elle servait de caserne à la musique des troupes prussiennes. Derrière la porte de chaque pièce, un petit inventaire, écrit sur un carré de papier, avait été collé. Du haut en bas, l'habitation était en désordre et sale, mais enfin, elle n'avait pas été soumise à un pillage organisé, comme la mienne. D'où je conclus que les musiciens ont le goût moins dévastateur que les soldats ordinaires. Ce sont, pour la plupart, des gens instruits.

Un matin je partis avec mon ami Jules R..., pour visiter les travaux des Prussiens. Ils avaient des batteries au haut de la Jonchère et sur la crête du côteau qui regarde le Mont-Valérien. En traversant les châtaigneraies, nous aperçûmes un vaste *tumulus* surmonté d'une croix en sapin. Une inscription, en allemand, y indiquait qu'une trentaine de soldats du 50e régiment étaient là, enterrés, depuis le 21 octobre. A côté de l'épitaphe officielle, il y avait quelques lignes tracées par différentes mains. Voici ce que j'y lus :

Requiescant in pace !

—

Tout cela est de la faute de Bismark et de Badinguet.

—

Dulce et decorum est pro patriâ mori.

—

Et Loulou qui joue toujours avec la balle toute chaude !

Inutile, je pense, d'accompagner ces inscriptions, faites au crayon, du moindre commentaire. Elles se comprennent.

Après avoir visité les terrassements et la poudrière prussienne, blindée avec de gros troncs d'arbres et des gazons épais, nous nous dirigeâmes vers un petit établissement où l'on donnait à boire et à manger. Quelques habitants du pays y étaient attablés. On parla naturellement du pillage et de la ruine de nos demeures. Quand le tour de ma propriété fut arrivé, un homme qui était là se mêla à notre conversation et dit :

— La maison de M. Paul Avenel a été pillée, tant mieux ! En voilà un qui ne l'a pas volé !

— Et pourquoi dites-vous cela, lui demandai-je ?

— C'est lui, répondit l'homme, qui sous l'empire faisait des *circonférences* à Bougival. Il mettait le pays sens dessus dessous.

Nous nous mîmes à rire en voyant que nous avions affaire à un pauvre bonapartiste qui croyait encore sans doute que Napoléon III était un héros.

En effet, cet homme, à son point de vue, avait raison. Ma dernière conférence avait été faite le samedi 7 mai contre le plébiscite du 8 mai 1870, qui nous valut la guerre. Je dirai à ce sujet que le vote de Bougival donna vingt-deux voix de majorité contre cette manœuvre impériale. Après cela, mon nom peut-il être harmonieux à une oreille bonapartiste ?

Dans la rue de la Celle, les soldats prussiens avaient attaché à la porte du sieur P... une vieille pendule en zinc bronzé, représentant un zouave, et chaque fois que l'un d'eux passait devant, il lui donnait un coup de sabre sur la tête en disant : *Capout!*

Deux habitants de Bougival subirent la schlague, ce sont :

G***, gardien de la propriété de M. Deseine. Il

avait été accusé d'avoir jeté une pierre aux Allemands. Il fut emmené au château de Beauregard, où résidait le général Schmith. Il reçut 120 coups de knout, en trois fois, à plusieurs jours d'intervalle.

P*** reçut quatre-vingts coups, pour une pomme jetée par des enfants à une patrouille prussienne.

Brutalités inouïes et stupides !

La belle chose que la guerre !

Le brave homme qui me racontait ces faits monstrueux ajouta d'une voix énergique : Ah! qu'ils reviennent, les Prussiens! je suis assez vieux pour faire un mort.

Le 23 octobre, un dimanche, à 7 heures du soir, un ordre d'expulsion des habitants fut lu dans les rues de Bougival. Pendant ce temps, deux envoyés de Guillaume buvaient le champagne, à la mairie. Les malheureux Bougivalais furent obligés d'obéir sur l'heure, et, pataugeant dans la boue par une pluie battante, ils gagnèrent dans la nuit Louveciennes, Marly et Versailles. Le docteur Duborgia, en sa qualité de maire, obtint un sursis pour les femmes, jusqu'au lendemain matin.

Les Prussiens n'avaient qu'un mot à la bouche en parlant de Bougival et de ses environs : *Ah! pays riche, pays riche!* Les habitants les gênaient sans doute, et pour mieux piller, ils les expulsèrent.

Le lendemain, c'est-à-dire le 24 octobre, deux

hommes honnêtes qui avaient été arrêtés, furent passés par les armes.

Nous voulons parler de M. Jean-Baptiste Gardon, commis à la briqueterie de M. Jules Pointelet, et de M. Jean-Nicolas Martin, contre-maître à la fabrique de M. Emile Pointelet. Ce dernier était malade et fut arraché de son lit. Ils étaient accusés d'avoir tiré sur les troupes prussiennes avec un fusil à vent ! Le premier était âgé de 44 ans, le second de 50. — Ils furent conduits dans le champ à M. Lainé, où avait déjà été fusillé François Debergue.

Martin fut attaché au tronc du même pommier et Gardon à un arbre voisin. On prit leurs mouchoirs pour leur bander les yeux.

— Nous sommes innocents ! dit alors Martin à l'officier prussien.

— C'est l'ordre du général, répondit froidement celui-ci.

MM. Martin et Gardon avaient été jugés et condamnés dans le chantier de M. Bayrac, situé à côté de la maison Baumann qui servait de corps de garde.

Ils tombèrent tous deux bravement sous les balles prussiennes.

Iis furent enterrés sur le lieu d'exécution, puis déterrés par des mains pieuses et dévouées. Leurs corps reposent aujourd'hui côte à côte au cimetière. Ils ont une tombe, et François Debergue attend encore la sienne.

Sur ces entrefaites, le docteur Duborgia fut arrêté, lui, qui remplissait avec tant d'abnégation et de courage les fonctions de maire.

Voici en quelles circonstances :

Le 21 octobre, le Mont-Valérien lançait force projectiles, il en arrivait jusqu'à Bougival. Il était tombé une bombe à la gendarmerie, sur la chaussée, où il y avait un poste prussien. Cette bombe avait si bien fait son devoir que bon nombre d'Allemands avaient été tués ou blessés. Les Prussiens n'aimaient pas ça ! Leur haine s'en augmentait d'autant plus contre les Français.

C'est ce jour là que le général Ducrot faisait une sortie vers la Malmaison et la Jonchère. Buzenval et Saint-Cucufa avaient été enlevés par les francs-tireurs et les mobiles de Seine-et-Marne. Les premières positions prussiennes avaient été forcées. Les balles des chassepots pleuvaient dans Bougival. Les hauteurs étaient à nous.

Zouaves, éclaireurs de Franchetti, Amis de la France, francs-tireurs des Ternes, éclaireurs de Poulizac, carabiniers Parisiens avaient été admirables dans le combat. La panique était à Versailles. Le roi Guillaume et M. de Moltke étaient venus au château de Beauregard pour suivre de l'œil les phases de la bataille. Si nos six mille hommes qui étaient en ligne avaient été soutenus par des troupes fraîches venant de Paris, on allait à Versailles.

Cette journée-là donc, une des infirmières de

Saint-Michel entra chez le docteur Duborgia et lui demanda de la faire accompagner jusqu'à son ambulance. Elle avait peur. Le docteur s'offrit lui-même aussitôt. Il sortit avec elle, et se dirigea vers Saint-Michel. A la hauteur du cimetière, la jeune femme voyant qu'elle ne courait plus de danger, pria le docteur de ne point aller plus loin. M. Duborgia la quitta et s'en alla par le chemin des Rigoles jusqu'au petit roidillon qui monte de la maison Baumann à la hauteur de la maison Wachter. Là, il s'arrêta pour regarder tomber les obus. Aussitôt un tambour prussien le dénonça comme faisant des signaux *avec sa canne* au Mont-Valérien. Notez bien, cher lecteur, que de cet endroit on ne voit pas le fort en question. Le docteur Duborgia, interrogé par un major, fut obligé d'en appeler à la loyauté de deux employés prussiens du télégraphe qui l'avaient vu, pour prouver son innocence et l'absurdité de l'accusation.

Le lendemain, il fut appelé par le major à l'usine de M. Pointelet. On lui demanda deux hommes pour soigner les chevaux qui étaient dans les écuries. Le docteur obtempéra à la demande. (N'oublions pas que MM. Gardon et Martin étaient déjà en état d'arrestation.)

— Ils se sont trop pressés, dit alors le major à M. Duborgia, en faisant allusion aux prisonniers. Ils croyaient que nous battions en retraite.

Le docteur revint chez lui, et dans la journée, à deux heures de l'après-midi, c'était un samedi, (22 octobre) il fut arrêté et conduit, au poste de la maison Baumann, sans qu'on lui ait appris le motif d'une pareille rigueur. Il resta là, jusqu'au 2 novembre, avec M. Antheaume, teneur de livres chez M. Emile Pointelet, qui de son côté, avait aussi été arrêté. Pendant cette détention, M. Duborgia avait écrit au général Schmith pour demander sa mise en liberté, puisqu'il n'était accusé de rien. — La réponse à sa lettre fut son départ pour l'Allemagne avec M. Antheaume. Ils furent enfermés dans une forteresse près de Coblentz.

Après quatre mois de captivité, le docteur revit la France et il rentra à Bougival le 2 mars 1871.

On dit que le vrai motif de son arrestation est qu'il remplissait trop honnêtement ses fonctions de maire, et qu'il gênait trop de gens pour beaucoup de choses. Les habitants de Bougival ont reconnu les services rendus par cet homme de cœur, en le faisant passer premier sur la liste des élections municipales.

Les Prussiens brisaient ce qu'ils ne pouvaient emporter. Il leur arrivait aussi souvent de transporter des objets d'une maison dans l'autre pour leur usage particulier. — Quelquefois encore, ils faisaient des cadeaux de livres, de pendules ou de bronzes qu'ils volaient, pour se procurer du vin, du tabac ou du cognac. — Cognac! pour eux était le fond de la langue française.

Plusieurs mois après le départ des Allemands, un riche propriétaire déshonnête et avare, d'un pays des environs de Bougival, mourut. Ses amis et connaissances furent convoqués pour la cérémonie funèbre. — Les nombreux invités étaient réunis dans le salon, attendant la levée du corps pour l'accompagner à l'église, quand tout-à-coup un des assistants s'écria, en regardant une magnifique pendule qui ornait la cheminée : mais c'est ma pendule ! voilà ma pendule !

— Comment, votre pendule ? dit quelqu'un.

— Je la reconnais ; elle m'a été volée pendant l'invasion.

— En effet, dit un autre, mon cher X..., c'est bien votre pendule. Je la reconnais parfaitement aussi, moi.

— Et, reprit une troisième personne, nous irions suivre dévotement la dépouille mortelle d'un recéleur ? — Pourquoi le défunt ne l'avait-il pas déposée à la mairie ? Ah ! le vieil avare ! Reprenez-la donc, votre pendule.

La pendule fut emportée par son propriétaire. Et les invités, au lieu de suivre le corps du mort, suivirent la pendule en manifestant hautement leur indignation pour l'avare, leur ami.

Le but de ces lignes est de laisser dans l'esprit des lecteurs, le souvenir de l'invasion prussienne. On ne saurait trop se rappeler un tel passé en prévision de l'avenir.

PAUL AVENEL.

1066. 6.73— Boulogne (Seine).—Imp. JULES BOYER et Cⁱᵉ.

1166. — Boulogne (Seine). — Imprimerie JULES BOYER et Cie.

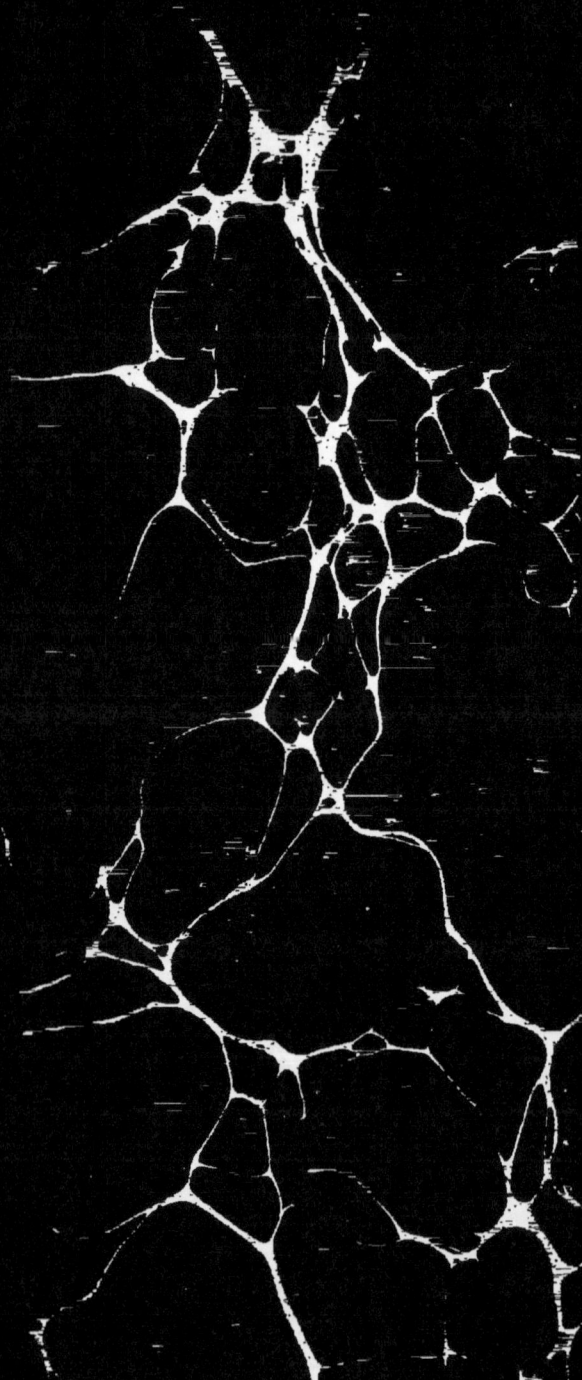